l'été

Titre original de l'ouvrage : "el verano"
© José M.ª Parramón Vilasaló
© Carme Solé Vendrell

© Bordas, Paris, 1981, pour la traduction française
I.S.B.N. 2-04-011126-3
Dépôt légal : Juillet 1987
novembre 1988
Traduction française de Jeanine Lhomme

Toute représentation ou reproduction, intégrale ou partielle, faite sans le consentement de l'auteur, ou des ses ayants droit ou ayants cause, est illicite (loi du 11 mars 1957, alinéa 1er de l'article 40). Cette représentation ou reproduction, par quelque procédé que ce soit, constituerait une contrefaçon sanctionnée par les articles 425 et suivants du code pénal. La loi du 11 mars 1957 n'autorise, aux termes des alinéas 2 et 3 de l'article 41, que les copies ou reproductions strictement réservées à l'usage privé du copiste et non destinées à une utilisation collective d'une part et, d'autre part, que les analyses et les courtes citations dans un but d'exemple et d'illustration.

Imprimé en Espagne par
EMSA, Diputación, 116
08015 Barcelona
(España) en octobre 1988
Dépôt légal : B-35.388-88
Numéro d'Éditeur : 785

la bibliothèque des tout-petits

Carme Solé Vendrell
Josep M° Parramón

l'été

Bordas

Lorsque le soleil brille très fort

Lorsque la campagne est de toutes les couleurs

Lorsque les fruits sont mûrs

...et que les boutiques ferment...

Quand tout le monde part en voyage...

...que les blés sont dorés

et que le soir, le soleil devient plus rouge...

Quand les enfants vont à la plage...

...et les bateaux sur la mer...

Lorsque l'on a très soif...

...et que l'on a très chaud...

L'ÉTÉ

*Le soleil dessèche la terre, mais dans les champs,
dans les vergers et les jardins,
c'est la récolte des fruits et les fleurs s'épanouissent;
c'est le temps des vacances et de la fête.*

La nuit la plus courte de l'année

Deux jours après le début de l'été, à la saint Jean, le 24 juin, le soleil est à son zénith et c'est le jour le plus long de l'année; la nuit est chaude, magique et courte; c'est la nuit la plus courte de l'année.

Le soleil chauffe, les fruits mûrissent

Juillet, août, septembre: le soleil chauffe de plus en plus et il y a de plus en plus de fruits mûrs. D'abord, les fraises et les poires de la saint Jean..., puis les pêches blanches, les cerises, les abricots, les prunes, les nèfles; en septembre, les poires fondantes, les pastèques et les melons, les pêches jaunes et enfin le raisin. Quelle aubaine pour les desserts et les goûters!

Les écoles ferment, ce sont les vacances

Fin juin commencent les grandes vacances: presque trois mois sans aller à l'école, sans avoir à se lever tôt, sans devoirs ni leçons... Oui, mais cela n'est pas vrai pour tout le monde. Les bons élèves continuent d'étudier en été en faisant leurs devoirs de vacances.

Les boutiques ferment, tout le monde part en voyage

Magasins, commerces, usines ferment presque tous en juillet et août, pour permettre à tous les travailleurs de se reposer pendant un mois. Ce sont les vacances d'été. Alors, la plupart des gens partent en voiture, par le train, le bateau ou l'avion, et découvrent de nouvelles contrées, d'autres peuples et d'autres villes.

Mais à la campagne on travaille: c'est l'époque de la moisson

Pendant les mois d'été, tous les paysans de France, d'Europe et de bien d'autres pays dans le monde travaillent à la récolte du blé. Jadis la moisson se faisait à la main, avec une faucille, une faux ou une machette; mais de nos jours, on utilise les moissonneuses-batteuses qui peuvent à la fois lier les gerbes et battre ou dépiquer le blé. Le blé est l'un des principaux aliments de l'homme; il donne la farine avec laquelle on fait la pain.

L'été est la saison la plus chaude de l'année

C'est vrai; il fait très chaud: enfants et grandes personnes portent des vêtements légers aux couleurs claires. Ceux qui vivent au bord de la mer vont à la plage pour se baigner, ceux qui vivent à la montagne se baignent dans des lacs, des rivières ou des piscines. Mais on a chaud, on transpire et tous, petits et grands, dégustent des glaces et consomment des boissons fraîches pour calmer leur soif.

Mais l'été est sain, l'été est gai

En été, on va à la campagne, en été on va à la mer, en été on va au soleil, on joue, on se promène, on saute et on court, on mange des fruits et on boit davantage d'eau, on vit en plein air et c'est plus agréable, plus drôle et plus sain. Vive le soleil! Vive l'été!

L'été commence le 21 juin et s'achève le 21 septembre

la bibliothèque des tout-petits

les quatre saisons

les cinq sens

la bibliothèque des tout-petits

les quatre éléments

les quatre âges de la vie

un jour...

Bordas Jeunesse

BIBLIOTHÈQUE DES TOUT-PETITS

de 3 à 5 ans

Conçue pour les enfants de 3 à 5 ans, la *Bibliothèque des tout-petits* leur permet de maîtriser des notions fondamentales mais un peu abstraites pour eux : la perception sensorielle, les éléments, le rythme des saisons, les milieux de vie...
Ses diverses séries, constituées en général de 4 titres pouvant chacun être lu de manière autonome, en font une miniencyclopédie dont la qualité graphique, la précision et la fraîcheur de l'illustration sollicitent la sensibilité, l'imagination et l'intelligence du tout-petit.

LES CINQ SENS
L'ouïe
Le toucher
Le goût
L'odorat
La vue

LES QUATRE SAISONS
Le printemps
L'été
L'automne
L'hiver

LES QUATRE ÉLÉMENTS
La terre
L'air
L'eau
Le feu

LES ÂGES DE LA VIE
Les enfants
Les jeunes
Les parents
Les grands-parents

LES QUATRE MOMENTS DU JOUR
Le matin
L'après-midi
Le soir
La nuit

JE VOYAGE
En bateau
En train
En avion
En voiture

UN JOUR À...
La mer
La montagne
La campagne
La ville

RACONTE-MOI...
Le petit arbre
Le petit lapin
Le petit oiseau
Le petit poisson

MON UNIVERS
Voilà ma maison
Voilà ma rue
Voilà mon école
Voilà mon jardin

Pour éclater de lire